Eugen Drewermann
Über die Unsterblichkeit der Tiere

Eugen Drewermann

Über die Unsterblichkeit der Tiere

Hoffnung für die leidende Kreatur

Mit einem Geleitwort von
Luise Rinser

Patmos

Der Beitrag des Autors ist entnommen dem Nachtrag von:
Eugen Drewermann, «Ich steige hinab in die Barke der Sonne».
Alt-Ägyptische Meditationen zu Tod und Auferstehung
in Bezug auf Joh 20/21, Walter Verlag 1989.

Das Motto entstammt Nikos Kazantzakis,
Rechenschaft vor El Greco,

Bibliographische Information der Deutschen Bibliothek
Die Deutsche Bibliothek verzeichnet diese Publikation
in der Deutschen Nationalbibliographie;
detaillierte bibliographische Daten sind im Internet
über http://dnb.ddb.de abrufbar.

Umschlaggestaltung: butenschoendesign, Lüneburg
Umschlagmotiv: Henri Rousseau, Der Traum 1910
Printed in Germany
ISBN 3-491-69419-1
www.patmos.de

«Gebt acht auf die Tiere, auf die Rinder,
auf die Schafe, auf die Esel;
glaubt mir, sie haben auch eine Seele,
sind auch Menschen,
nur daß sie ein Fell tragen und
nicht sprechen können;
frühere Menschen sind es,
gebt ihnen zu essen;
gebt acht auf die Olivenbäume
und die Weinfelder,
... auch sie waren früher Menschen,
aber viel, viel früher, und
haben kein Erinnerungsvermögen mehr;
doch der Mensch hat es, und
daher ist er Mensch.»

Nikos Kazantzakis
(Rechenschaft vor el Greco)

Zum Geleit

«Man durchtrennt Versuchstieren
die Stimmbänder, um ihre Schreie
nicht mehr hören zu müssen.»
Eugen Drewermann

Wenn wir die Schreie der vom Menschen gequälten Tiere mit unseren Ohren hören müßten, wir ertrügen sie nicht. Wir verstopfen unsere Ohren. Gibt es nicht Tierschutz-Vereine, und gibt es nicht den *WWF* (World Wildlife Fund)? Sollen die sich doch um diese Frage kümmern. Und Tierversuche, die müssen sein, es ist zum Besten der Human-Medizin, es ist legitimes Anliegen der Wissenschaft, legitimiert sogar durch die christliche Theologie, die das Wort des Schöpfers (laut Altem Testament, Genesis) «Macht euch die Erde untertan» auf ihre Weise versteht, nämlich so: «Ihr Menschen seid die Herren der Erde, die Tiere sind eure Sklaven.» Ist es so? Sind die Tiere erschaffen worden von einem liebenden Gott, damit der Mensch nach Willkür mit ihnen verfährt?
Die Tiere, unsre ur-ur-uralten Vorfahren, sie waren lange vor dem ersten Menschen auf dieser Erde, und sie waren gut miteinander. Das Lamm lag neben dem Löwen. Kein

Tier tötete ein anderes, denn alle nährten sich gleicherweise von Kräutern. So steht es in der Bibel: «Gott sprach: Ich gebe euch alle Kräuter, die Samen tragen, und alle Bäume mit samentragenden Früchten; dies diene euch zur Nahrung. Allem Getier des Feldes und allen Vögeln des Himmels und allen am Boden kriechenden Tieren gebe ich alles Grünkraut zur Nahrung.» Sagte er zum Menschen Adam: «Alle essen Pflanzen, nur du, als Herr der Schöpfung, darfst Tiere töten und ihr Fleisch essen»? Er sagte es nicht. Er sagt nur, der Mensch darf herrschen über alle Tiere. Herrschen aber hieß (Genesis 2,15): der Mensch soll «den Garten Eden bebauen und erhalten». Gott machte ihn nicht zum Ausbeuter der Erde, sondern zu ihrem Beschützer. Das war zur Zeit des «Paradieses». Der frühe Mensch war dem Tier, aus dem er sich in Millionen Jahren empor-entwickelt hat, geschwisterlich nahe. Er spürte noch den allen und allem gemeinsamen Atem Gottes. Alles war aus Erdenmaterie geschaffen, die Gottes Atem zum Leben erweckte. Alles, was existiert, lebt nur durch den göttlichen Atem. Alles, was lebt, also auch die Tiere. Mensch und Tier sind Manifestation des Prinzips Leben. Alles ist göttlich beseelt. Wäre es dies nicht, lebte es nicht. Wie kann man im Ernst behaupten, Tiere besäßen keine Seele? Freilich weiß das Tier nicht, was der Mensch weiß: daß ihm eine «unsterbliche Seele» innewohnt. Aber weiß der Mensch das wirklich? Leben nicht die meisten Menschen in dumpfer Unwissenheit gleich den Tieren? Sind sie sich ihrer Göttlichkeit bewußt? Sie sind es so wenig wie die Tiere. Wer sagt uns, daß die Tiere, die heute mit uns diesen Planeten bewohnen, nicht im Laufe der Evolution sich ihrer Seele bewußt werden und sich höher entwickeln als wir? Wohnt im Tier nicht der Drang zum «Lernen»? Hat es wirklich keine Sehnsucht nach Geist, wie Thomas von Aquin sagte? Steht nicht in der Bibel geschrieben, daß die ganze Schöpfung in Wehen liegt und seufzt? Was soll das denn andres heißen, als daß auch das Tier sich aus seinem aktuellen Status heraussehnt und auf Erlösung wartet? Wer die «Menschen-Affen» im Zoo anschaut, der sieht ihre Traurigkeit, eine Trauer, die nicht nur dem Gefangensein entspringt. Wir beobachten sie auch an den freien Tieren. Immer wieder sehe ich diese seltsame Trauer in den Augen meines «glücklichen», privilegierten Hundes. Er weiß nicht, weswegen er trauert. Ich sage es ihm. Ich verspreche ihm die Erlösung. «Wenn ich erhört werde, wirst es du mit mir sein, Bruder Hund.» Es gibt Augenblicke, in denen ich die ewige Verbundenheit meiner Seele mit der meines Hundes fühle, und mein Hund, auf seine Weise, dasselbe fühlt. Wir erfahren bisweilen, was das ist: das Paradies. Im Abgrund der Liebe des Schöpfers zu seinen Geschöpfen erle-

ben wir, vorausahnend, jenen Zustand, der uns versprochen ist: die Wiederherstellung des Paradieses.
Was aber ist denn damals (laut Genesis) geschehen, als wir das Paradies zerstörten? Der Mensch erhob sich nicht nur über das Tier und über die gesamte Schöpfung. Da geschah die große Trennung alles Seienden, da begann unser Leiden. Wir fielen heraus aus der All-eins-Liebe. Wir fanden uns ausgesetzt auf der Erde. Die Tiere teilten unser Schicksal, denn es ist die Rede davon, daß Abel Viehzüchter wurde, Kain aber Ackerbauer. Es gab also Tiere, die mit dem Menschen das Paradies verlassen hatten. Schuldlos sie, aber unlösbar verstrickt ins Schicksal des Menschen. Und dann geschah etwas, was, wie mir scheint, von der Theologie her unerklärt blieb. Es ist in der Tat dunkel und läuft unserem Verständnis entgegen: Abel opferte dem Höchsten ein Lamm, Kain opferte Obst und Gemüse. Von Abels Tieropfer stieg der Rauch kerzengerade in die Luft, während Kains Kräuteropfer am Boden kroch. Die Interpretation ist absurd: Abels Tier-Opfer ist Gott wohlgefällig, Kains Kräuteropfer aber wird von Gott nicht entgegengenommen. Wer hat das so interpretiert? Waren es die Viehzüchter von damals, die mit den Ackerbauern konkurrierten? Später freilich lesen wir in der Bibel (AT), daß der Höchste alle Tieropfer ablehnte und statt des Opferfleisches den liebenden Gehorsam wünschte.

Und im Neuen Testament? Der, den wir «Jesus Christus» nennen (er hieß mit richtigem, aramäischem Namen Jeschua), kam in den Tempel zu Jerusalem. Da erfaßte ihn Zorn, oder vielmehr Entsetzen. Er sah die Opfertiere, zur rituellen Schächtung bestimmt: in den Hals gestochen langsam ausbluten lassen. Jeschua rief: «Ihr macht das Haus des Gebets zu einer Mördergrube.» Er hätte sagen können: Ihr macht es zum Schlachthaus. Er sagte aber: Mördergrube. Ist das nicht deutlich genug? Er spricht von Mord. Vom Tier-Mord. Es graut ihn. Er verurteilt ihn. «Du sollst nicht töten.»

Da ist kein Unterschied zwischen Mensch und Tier, und keiner zwischen «reinen» und «unreinen Tieren». Das Verbot gilt für alle gegenüber allem.

Wir, uns auf die christliche Theologie berufend, behaupten, Tiere fallen nicht unter das Tötungs-Verbot, denn sie haben keine Seele. Es gab einmal eine Zeit, in der diese Kirche auch von den Frauen glaubte, sie hätten keine Seele oder doch eine viel niedrigere, als Männer sie haben. Es gab auch eine Zeit, in der man glaubte, «Neger» hätten keine Seele und dürften darum als «Sklaven» wie nicht-lebende Ware verkauft und straflos getötet werden.

Den Frauen und den «Farbigen» wird heute eine Seele zugestanden. Den Tieren wird sie praktisch immer noch abgesprochen. Es gab Zeiten, in denen die Menschen die Tierseele kannten. Darum baten sie die Tiere um Verzeihung, ehe sie sie auf der Jagd töteten. Es gab auch Zeiten, in denen sich Menschen fürchteten vor der Rache getöteter Tiere, deren «Seelen» ja nicht mitgetötet wurden, sondern unsterblich weiterlebten und den Mörder heimsuchen konnten.

Wir Heutigen töten auf eine Art, die uns gar nicht mehr als Tötung erscheint. Ich erinnere mich der Szene, wenn auf dem Gutshof meiner Großmutter zu Festzeiten ein Schwein geschlachtet wurde. Kein Knecht vom Hof tat es, denn die Knechte kannten ja die Tiere! Ein Berufsmetzger kam. Er hatte einen starken Knüppel bei sich, mit dem er das Schwein auf den Kopf schlug. Eine primitive Form von Anästhesie. Dann erst kam der Todesstich. Alles ging rasch vor sich, und dennoch schien es mir schrecklich, aber auch feierlich. Wie da die Mägde bereitstanden, um das Blut des toten Tieres in Schalen aufzufangen, hatte etwas Rituelles und etwas unerbittlich Schicksalhaftes.

Heute sehen wir nichts mehr vom qualvollen Leben und Sterben des Schlachtviehs. Das geht automatisch vor sich. Eben noch ein Tier, im nächsten Augenblick schon zerteiltes Fleisch: unsre Nahrung. Unsre Art von Kannibalismus.

Ein übertriebenes Wort?

Hindus und Buddhisten essen kein Fleisch. Warum nicht? Weil sie wissen, daß auch im Tier «Atman» ist: der göttliche Hauch. Das Tier: eine Manifestation Gottes. Es gibt eine schöne indische Geschichte: «Ein Mann will dem Buddha begegnen, aber ist der Buddha nicht schon längst tot, wie soll man ihn treffen können? Ein andrer, ein Weiser, sagt: Geh auf den Markt, da triffst du ihn. Aber, sagt der eine, wie soll ich ihn erkennen? Sehr einfach, sagt der andre: du begegnest ihm in jedem Bettler, in jeder Frau, in jedem Tier. Der erste Hund, der dir in den Weg läuft, das ist *er*.»

Im Neuen Testament gibt es jene Geschichte, die mir als Spiegel einer großen Kosmologie gilt: Jeschua als Richter. Die Menschen kommen zu ihm, und er schickt die einen auf seine rechte Seite, die andern auf die linke. Und nach welchem Gesetzes-Kodex teilt er ein? Sagt er: Du hast gemordet, du hast die Ehe gebrochen, du hast verleumdet? Er sagt: Alles, was Ihr dem Geringsten meiner Brüder getan habt, das habt Ihr mir getan, und alle Hilfe, die Ihr meinen Brüdern versagt habt, habt Ihr mir versagt.

Er sagt nicht: Was Ihr Gutes oder Böses getan habt, gilt gleichviel, als hättet Ihr mir's getan. Nein, es heißt: Das habt Ihr mir getan.

Das heißt doch: Ich bin es, dem Ihr Gutes tatet oder versagtet. Ich. Denn Ich bin in jedem Lebewesen. Wenn Ihr einen Esel schlagt, schlagt Ihr mich. Wenn Ihr ein Pferd zu Tode schindet, schindet Ihr mich. Wenn Ihr das Los eines Tieres erleichtert, erleichtert Ihr mir das meine. Indem Ihr Tiere liebt und sie schützt, erweist Ihr *mir* Eure Liebe.

Wer einmal dieses Wort ganz in sich aufgenommen hat, der kann kein Tier mehr quälen, und, wenn er konsequent ist, auch kein Fleisch mehr essen, denn damit macht er sich zum Mitschuldigen am Tod der Tiere. Man weiß heute, daß man sehr wohl ohne Tierfleisch leben kann, ja, daß man viele Krankheiten vermeidet, wenn man vegetarisch lebt.

Eine Gesellschaft von Vegetariern lud einmal einen Mann ein, der ein leidenschaftlicher Fleischesser war. Es gab nur vegetarische Gerichte. Dem Fleischesser servierte man eine lebende Taube und ein Messer. Von da an aß er kein Fleisch mehr.

Es ist die Anonymität unserer Tieropfer, die uns taub macht für ihre Schreie.

Es wird lange dauern, bis die Menschheit begriffen hat, daß nicht nur die Völker der Erde *ein* Volk sind, sondern daß Menschen, Pflanzen und Tiere zusammen das «Reich Gottes» sind und daß das Schicksal des einen Bereichs auch das Schicksal der andern ist. Wir nennen das heute «ökologisches Gleichgewicht» und denken dabei

freilich an Nutzen und Schaden der Menschenwelt. Das ist eine materialistisch-anthropozentrische Einstellung. Sie genügt nicht. Sie führt uns nicht in den Kern des großen kosmologischen Problems: wer sind Gottes Kinder, und wer wird erlöst werden am «Ende der Tage»?
Wer mit Tieren lebt in vollem Respekt vor ihrem «Atman», dem göttlichen Lebens-Hauch in ihnen, der sieht und fühlt das vielfache Leiden der Tiere (wozu auch die sträfliche Über-Fütterung unserer Lieblingstiere gehört), und er fühlt sich mitschuldig am Leiden der Kreatur. Ich bin den Tieren sehr eng verbunden: ich liebe sie als meine Geschwister, und ich leide mit ihnen. Aus diesem Mit-Leiden entstand ein Kapitel meines Romans «Ich bin Tobias». Da ist die Rede von einem Pastor, der sich der Verzweiflung am Leiden der Welt anheim gab. Er, als Theologe, fragt sich, wie sich das denn verhalte mit dem «Erlöser» und seinem stellvertretenden Leiden und Kreuzestod. Hat er etwas bewirkt? In der Menschenwelt vielleicht. Aber in der Geschwisterwelt der Tiere? Hat dieser Gekreuzigte, dieser alles umfassende Liebende, der die Liebe in Person war, auch an die Klagerufe der Tiere gedacht? Nein, sagt der Pastor, nein, er starb nur für die Menschen. Aber wenn nun einer für die Tiere stürbe?
«Wenn Sie wüßten, wieviel mehr noch zu verlassen ich heut nacht entschlossen war, nachdem meine Katze ge-

storben war. Man hatte sie wohl vergiftet, sie kam gekrochen, sterbend, das tun Katzen sonst nicht, sie verstecken sich im Sterben, aber sie kam zu mir, sie hatte einen Todeskampf wie ein Mensch, und zuletzt schrie sie, ja, sie stieß einen Schrei aus und verschied. Das war gestern. Und dann in der Nacht... Sie müssen verstehen: ich habe Menschen sterben sehen, leichte und schwere Tode habe ich miterlebt, aber da starben Menschen, schuldig gewordene, und sie starben alle mit einer Hoffnung, und sei es nur jene auf den ewigen schmerzlosen Schlaf gewesen; aber meine Katze... Und warum schrie sie so? Vor Schmerzen, nein, das glaube ich nicht, denn sie litt vorher stärker, das sah ich. Sie schrie nicht für sich, nicht für sich allein, sie schrie für alle Tiere, die schuldlos Schmerzen und Tod erleiden müssen, weil wir schuldig geworden sind an der Schöpfung. Und da, als ich es begriffen hatte, da dachte ich, man müsse doch für die Tiere.. weil man doch schuld ist an ihrem Tod, man müsse... Schauen Sie mich nicht so an, wie heißen Sie, Tobias, ja, schauen Sie weg, während ich es sage; ich dachte, wenn einer starb für die Menschen, warum soll es nicht ein andrer tun für die Tiere.»

Aber es ist ja tatsächlich einer gestorben für uns alle, auch für die Tiere. Warum eigentlich stellte Franziskus von Assisi in die Krippendarstellung, die seine Erfindung ist,

Tiere: Ochs und Esel, und zwar vor dem Stall als Zeugen der Geburt des Befreiers aller Kreatur? Warum stehen unterm Kreuz keine Tiere? Da stehen nur Pferde, sie aber im Dienst der (römischen) Miliz. Tiere gehören unters Kreuz, denn alle Tiere, jede Kreatur, alle müssen mit-erlöst werden durch die ewige Liebe.

Als mein sehr geliebter Hund Vanno vor fünfzehn Jahren starb, weinte ich sehr. Da sagte meine Freundin Ingeborg, die unvergessene: «Wein nicht, dein Hund ist jetzt beim Großen Hund.» Sie dachte, ohne es zu wissen, platonisch. Ich denke realistisch-christlich: Meinen Hund und alle Hunde meines Lebens werde ich wiedersehen, denn sie sind Teil meines Lebens, das heißt: sie werden mit mir zusammen erlöst werden, denn sie sind unsterblich. Unsterblich durch das, was uns eint: der Atman. Der göttliche Lebenshauch.

Luise Rinser

Die Texte des *Johannes*evangeliums, liest man sie in der Weise, wie in meinem Buch «Ich steige hinab in die Barke der Sonne» vorgeschlagen, erscheinen in sich selbst als verdichtete Meditationen über das tiefste Geheimnis des menschlichen Daseins: über die Hoffnung auf ein ewiges Leben jenseits des Todes. Man ersieht anhand dieser Erzählungen und Gespräche insbesondere, wie stark das menschheitliche Symbol der «Auferstehung» durch die Erfahrung mit der Person und der Botschaft des Jesus von Nazareth in der christlichen Ausdeutung existentialisiert und personalisiert worden ist, indem die entsprechenden Bilder und Anschauungen nicht nur nach dem symbolischen Vorbild schon der altägyptischen Religion mit den Themen von Lebenserneuerung und Wiedergeburt, von Bewußtwerdung und Integration, von Zerstörung und Liebe verbunden worden sind, sondern vor allem in ganz neuer Weise in den Zusammenhang von Schuld und Vergebung, von Sünde und Erlösung, von Angst und Vertrauen, von Seelenzerstörung und Rettung, von Verzweiflung und Glück gestellt werden. Es ist für denjenigen, der die Worte Jesu in sich aufgenommen hat, im Sinne des *Johannes*evangeliums nicht länger mehr möglich, an die

Unsterblichkeit des Lebens gewissermaßen nur als an eine metaphysisch gegebene bzw. (wie zum Teil noch im Alten Ägypten) als an eine rituell herstellbare oder darstellbare Realität zu «glauben», es kommt vielmehr darauf an, diesen Glauben an das Leben von der Person Jesu her so mutig und vertrauensvoll unter den Augen Gottes zu verwirklichen, daß dabei die «Welt» von der «Dunkelheit» der «Nacht», von der «Angst» und der «Lüge», von der «Knechtschaft» der Gottesferne innerlich befreit und dem «Licht» und dem «Leben» zurückgegeben wird. Niemals zuvor ist die altägyptische Vision von diesem wahrhaft «königlichen» Auftrag des Menschen derart beim «Wort» genommen worden wie in den wunderbaren Reden und den Erscheinungen des Auferstandenen in den beiden Schlußkapiteln des *Johannes*evangeliums.

Indem somit die Größe der christlichen Botschaft in ihrer Chance und in ihrer Verbindlichkeit unverwechselbar zutage liegt, ist es in gewissem Sinne allerdings zugleich unumgänglich, in einem kurzen Nachtrag einer Frage nachzugehen, an welcher eine schmerzhafte Grenze, ja, eine äußerst schädliche und gefährliche Enge und Engführung der christlichen Theologie unübersehbar ist: der Frage nach dem Los unserer Mitgeschöpfe, der Tiere[1].

Gerade durch die konsequente und radikale Existentialisierung der uralten religiösen Symbole der menschlichen

Unsterblichkeitshoffnung von seiten des Christentums wurde in der abendländischen Theologiegeschichte ein Weltbild begünstigt und begründet, innerhalb dessen der Mensch durch die Unsterblichkeit seiner Seele von allen anderen Geschöpfen auf unendliche Weise unterschieden und in absolutem Sinne vor allen anderen Lebewesen bevorzugt und ausgezeichnet erscheint. Vorbereitet wurde diese Einstellung bereits durch die Zerstörung des mythischen Denkens in der griechischen «Aufklärung» im 5. Jahrhundert vor Christus. Was in der mythischen Religion vor allem des Alten Ägyptens als Symbol und Ritual bezüglich der Unsterblichkeit des menschlichen Daseins geahnt und begangen wurde, übersetzte sich durch die Vermittlung *Platons* in die philosophischen Kategorien und Deduktionen begrifflichen Denkens und Argumentierens. Wohl war das philosophische Theorem von der Unsterblichkeit der Seele bei *Platon* (unter dem Einfluß der Religion des *Pythagoras*) noch für mancherlei Deutungen im Sinne der Seelenwanderungslehre offen – der Besitz der Seele war nach seiner Vorstellung noch nicht allein den Menschen vorbehalten, sondern es galten ihm auch die Tiere als beseelte Wesen; der Unterschied zwischen Mensch und Tier erschien ihm als graduell fließend, nicht als starr und fixiert. Doch die christliche Theologie griff (im Erbe der Anthropozentrik des biblischen Welt- und Menschenbildes) die Lehre *Platons* von der Unsterblichkeit der Seele im Kampf gegen die mythischen Religionen, in Abwehr der Gnosis und in Abgrenzung gegenüber der *pythagoreischen* Lehre in der Weise auf, daß allein der Mensch unsterblich sei, wohingegen die «unvernünftigen» Tiere nichts als vergängliche Wesen darstellten. Die christliche Lehre von der Auferstehung ließ zu Recht die *menschliche Existenz* als unendlich kostbar und groß erscheinen; sie erkaufte diesen Gewinn aber durch die Art ihrer wesentlich philosophischen Selbstbegründung mit einem unerträglichen Nachteil: sie galt ausschließlich nur für den Menschen; sie gründete damit die absolute Hochschätzung der Menschen auf die relative Mißachtung aller anderen Mitgeschöpfe; sie zerriß auf diese Weise ideologisch das gemeinsame Band des Lebens, das Menschen und Tiere miteinander verbindet; sie machte, wie jede Doktrin, die zu eng ist, um der Wirklichkeit gerecht zu werden, *grausam* im Umgang mit der Wirklichkeit des Lebens.

In mindestens drei Punkten der heutigen Diskussion um die Probleme der «Umwelt» ist dieser Tatbestand mit Händen zu greifen.

1. Wir leben heute in einer Zeit, in der alles Reden von Natur- und Umweltschutz seine Ernsthaftigkeit an der Frage der menschlichen *Geburtenkontrolle* erweisen

muß. Wenn irgendein Rest der heute noch zahlreichen Tier- und Pflanzenarten, vor allem in den tropischen Regenwäldern, an der Seite des Menschen zumindest die Chance eines Überlebens erhalten soll, so muß die menschliche Spezies zum erstenmal in ihrer Geschichte damit aufhören, das Gebot Gottes im Paradiese uneingeschränkt zu befolgen, welches da lautet: «Wachset und mehret euch und füllet die Erde und machet sie euch untertan und herrschet über die Fische im Meer und die Vögel des Himmels, über das Vieh und alle Tiere, die auf Erden sich regen.» (Gen 1,28) *Weniger* Menschen zugunsten des Erhalts einer größeren Vielfalt von Tier- und Pflanzenarten – ein solches Programm ist für den christlichen Anthropozentrismus auch heute noch eine schier unerträgliche Zumutung. In der Tat: wenn nur das Leben von Menschen eine Ewigkeitsbedeutung besitzt, so kann es dieser theologischen Prämisse zufolge gar nicht genug Menschen geben, sind doch sie allein zu einem ewigen Glück berufen, während das Dasein von Pflanzen und Tieren buchstäblich als nichts gilt *sub specie aeternitatis.* Es ist daher kein Wunder, daß vor allem *die katholische Kirche* jeden Hinweis auf die Dringlichkeit bevölkerungspolitischer Maßnahmen als «übertriebenen» «Pessimismus» abtut[2]; allenfalls die für den Menschen selbst zu befürchtenden Folgen der derzeitigen Bevölkerungsexplosion mit *Verdoppelungsraten* von weniger als 30 Jahren scheinen ihr einen gewissen Eindruck zu machen, doch in bezug darauf glaubt sie – wider besseres Wissen, möchte man meinen –, daß die dramatische Verelendung der Dritten Welt durch die rapide Vermehrung der Reproduktionsraten mit moralischen Appellen an die vermeintlich «konsumistische», «sexistische» und «materialistische» Lebensweise der westlichen Industrienationen aufgefangen werden könnte. Selbst die Tatsache, daß heute schon jährlich mehr als 60 Millionen Menschen verhungern, ist offenbar für sie kein Grund zum Umdenken – zumindest im Himmel werden ja all diese Menschen das Los des armen *Lazarus* erwerben können, so daß es für sie immer noch besser ist, daß es sie gab, als daß es sie nicht gäbe. – Ein Hinweis auf das kümmerliche Los der Tiere hat unter solchen Denkvoraussetzungen nicht die geringste Chance.

2. Natürlich wird die Last und der Druck einer immer enger werdenden Welt im heutigen Wirtschaftsleben, solange es geht, ungehemmt *an die Tiere* weitergegeben, und auch hier scheint die christliche Lehre von der Unsterblichkeit allein des Menschen jede Art von Quälerei ideologisch zu legitimieren. Aus den Engpässen der Versorgung mit Rohstoffen und Waren hat seit dem Beginn des 19. Jahrhunderts wesentlich die Industrialisierung

herausgeführt, und so lag der Glaube nahe, auch in der Landwirtschaft mit industrieähnlichen Methoden die «Erträge» der Nahrungsmittelproduktion wesentlich verbessern und steigern zu können. Mit derselben zweckrationalen Mentalität, mit der man Steinkohle abbaut, geht man heute heran, Tiere als Schlachtfleischlieferanten in riesigen Massentieranstalten maschinell so lange konsumgerecht zu züchten und zu mästen, bis sie verkaufsrentabel den Weg in die Todesfabriken der städtischen Schlachthöfe antreten. Bereits im Jahre 1986 wurden in der Bundesrepublik 36% aller Rinder (einschließlich Kälber) in Großbeständen von über 100 Tieren gehalten, über 66% der Mastschweine, 83% der Legehennen wurden in Beständen von über 1000 Tieren gehalten, bei den Masthühnern betrug die Zahl sogar 99%[3]. Die Bedeutung dieser Zahlen wird erst wirklich klar, wenn man sich vor Augen hält, wie das Leben etwa eines «Mastkalbes» heute aussieht: Acht Tage nach seiner Geburt – mit einem Gewicht von 40 kg – wird das Tier von seiner Mutter getrennt und in die agrarindustrielle Mastanstalt transportiert, wo es prophylaktisch mit Medikamenten aller Art vollgepumpt wird. – «Dann wird das Tier an einen Magermilchtrunk gewöhnt. Dieser führt in vielen Fällen zum Durchfall. Folge: Die Tiere trocknen aus. Um sie am Leben zu erhalten, kommen sie an einen Tropf. In einem abgedunkelten

Stall, eingezwängt in eine kleine Holzbox, werden die Tiere nun größer und brauchen mehr Futter. Nun wird aber nicht die Futtermenge erhöht, sondern die Konzentration der Nährstoffe darin. So wird das Futter bald eine Art Pudding, mit dem der Durst nicht mehr gestillt werden kann. Dennoch gibt es kein Wasser, damit die Tiere immer heißhungrig auf den Pudding sind. Schließlich muß das Kalb jeden Tag mehr als 1 kg zunehmen. Damit es nicht wieder zum Durchfall kommt, wird der Pudding auf 38 Grad erwärmt. Das wiederum führt dazu, daß die Tiere beim Essen schwitzen. Juckreiz tritt auf, beim Kratzen mit der Zunge werden Haare ausgerissen, die in den Pansen wandern und dort vor sich hinfaulen und Giftstoffe entwickeln, bis das Tier geschlachtet wird.»[4] Damit das Kalbfleisch später eine schönweiße Farbe erhält, «wird peinlich darauf geachtet, daß nur sehr wenig Eisen im Pudding ist. Dadurch werden die Tiere blutarm. Sie bekommen schwere Atembeschwerden und Kreislaufstörungen.» Nach diesem Vorbild müssen «heute jährlich allein in der Bundesrepublik rund 250 Millionen Tiere dahinvegetieren: Hühner in Käfigen, denen in ständigem Dämmerlicht auf schräg abfallenden Drahtböden gerade die Fläche einer Schreibmaschinenseite als Lebensraum zur Verfügung steht. Kälber, eingekerkert in vier enge Bretter, die diesen Sarg nur einmal in ihrem qualvollen Leben verlassen – auf ihrem letzten Gang zum Metzger. Ferkel in Drahtkäfigen, Schweine in lebenslanger Anbindehaltung, ohne Einstreu auf Betonböden, einzige Bewegungsmöglichkeit – aufstehen – hinlegen. Kühe, ein Leben lang an einer Kette von 40 cm Länge angebunden.»[5]

Wie groß eigentlich ist die moralische Blindheit oder Bestechlichkeit sogenannter wissenschaftlicher Gutachter, die es fertigbekommen, diese unglaublichen Praktiken gegenüber dem Gesetzgeber noch als «artgerechte Tierhaltung» attestieren zu können? Und was soll man von Gesetzen halten, die offensichtlich niemand zu halten braucht, sobald sich nachweisbar ein «ökonomischer Gewinn» selbst aus einer noch so monströsen Tierquälerei erzielen läßt? Gewiß, es gibt bestimmte Gesetze des Marktes, es gibt Notwendigkeiten der Preiskonkurrenz auf dem europäischen Binnenmarkt, es gibt genügend heruntergekommene bäuerliche Kleinbetriebe, die in der Massentierhaltung eine letzte Überlebenschance erblicken – all das *ermöglicht* die alltäglichen Scheußlichkeiten, die wir den Tieren wie selbstverständlich auferlegen; doch die eigentliche Bedingung der Möglichkeit all dieser Praktiken liegt in dem christlichen Glaubenssatz, daß allein der Mensch ein unsterbliches Leben besitzt, während die Tiere nichts sind als verbrauchbares Material zum Nutzen des

Menschen als des Herrn der Schöpfung in Zeit und Ewigkeit.[6]

Innerhalb dieses christlichen Weltbildes bedeutet es eine Absurdität, nach dem Vorbild der *Hindus* und *Buddhisten* aus religiösen Gründen ein absolutes Tötungsverbot von Tieren aufzustellen und zum Verzicht von Fleischnahrung aller Art, *zu einem religiös motivierten Vegetarismus,* aufzufordern.[7] Nein, nach der bisherigen Vorstellung des Christentums hat die ganze Schöpfung dem Menschen zu dienen, und Gott der Herr selber hat ihm die Tiere zur Nahrung gegeben; ja, es ist, soll man der christlichen Dogmatik glauben, sogar die theologische Bestimmung der Lachse, Rebhühner und Hasen, vom Menschen gegessen zu werden. Gemessen an der unendlichen Würde des Menschen gibt es kein Leid, das man den Tieren nicht zufügen dürfte, sobald es für gewisse menschliche Zwecksetzungen sinnvoll und «notwendig» ist.

Am allerschlimmsten in diesem Zusammenhang ist die negative Auswirkung der christlichen Lehre von der Unsterblichkeit des Menschen zweifellos im Bereich der *Tierversuche* zu beobachten. Man schätzt, daß jährlich ca. 300 Millionen Tiere aller nur erdenklichen Arten «weltweit jedes Jahr ihr Leben für ebenso sinnlose wie grausame Experimente» lassen müssen. «In sogenannten

Schiebekäfigen werden Affen zum Teil über Jahre gefangengehalten. Die Rückwand des Käfigs wird so weit vorgeschoben, bis der Affe – zwischen Gitterstäbe und Wand eingepreßt – völlig bewegungsunfähig ist. So können den Versuchstieren trotz ihrer panischen Angst immer wieder Injektionen verabreicht werden.» «An Ratten werden künstliche Tumore erzeugt, die oft sogar größer sind als die Tiere selbst.»[8] Man züchtet Versuchstiere mit angeborenen Körperschäden, man durchtrennt Versuchshunden die Stimmbänder, um ihre Schreie nicht mehr hören zu müssen. Man enthauptet in Universitäten Tiere zu reinen Demonstrationszwecken, öffnet ihnen den Brustkorb und entnimmt ihnen das Blut bis zum Herzstillstand. Im Dienste der Psychiatrie werden bei Affen, Katzen und Wüstenmäusen grausame Gehirnoperationen durchgeführt, um dann das Fehlverhalten dieser armen Geschöpfe zu beobachten. Seit 1987 liegt in der Bundesrepublik ein neues Tierschutzgesetz vor, das angeblich das Leiden und Sterben der Versuchstiere verringern soll; doch es genügt, einen Versuch als «wissenschaftlich begründet» zu deklarieren, dann ist diese Begründung selbst bereits die Legitimation, den Tieren, egal zur Befriedigung welch einer Art von Neugier, Ehrgeiz oder Geldgier auch immer, jede nur erdenkliche Qual aufzuerlegen. In summa: Das christliche Abendland kennt keine Ethik, die das Leid der Tiere und das Leid von Menschen als gleichgewichtig erscheinen ließe. Denn: nur Menschen sind unsterbliche Wesen!

3. Wie naturfremd und naturfeindlich die dogmatischen Vorstellungen des Christentums von der Seele des Menschen geraten, zeigt sich nicht zuletzt an der Schwierigkeit heutiger Theologie, sich mit dem *evolutiven Weltbild der modernen Naturwissenschaft* anzufreunden. Seit den Tagen der mittelalterlichen Scholastik war es besonders die außerordentlich statisch denkende Philosophie des *Aristoteles,* mit deren Hilfe man die Einzigartigkeit der menschlichen Seele zu erweisen suchte, indem man metaphysisch demonstrierte, daß es substantielle Veränderungen an einem Seienden prinzipiell nicht geben könne; – Gedanken dieser Art müssen auch heute noch pflichtgemäß in den philosophischen Grundkursen für katholische Theologie vorgetragen werden; und selbst wo man – zögernd genug – das Denken in den Kategorien der *thomistischen* Metaphysik zugunsten eines mehr «geschichtlichen», «biblischen» Denkens aufzugeben beginnt, fängt doch die «Geschichte» für die christliche Theologie nach wie vor grundsätzlich erst mit der «Offenbarungsgeschichte» Israels vor ca. 4000 Jahren an. Für diese Art von Theologie muß(te) der Gedanke als Häresie oder Atheismus erscheinen, es könnte auf unserem Plane-

ten das Leben sich spontan aus anorganischer Materie gebildet haben und der Mensch sei in seinem Körper *wie in seiner Seele* im Verlauf der letzten 3 bis 4 Millionen Jahre aus dem Tierreich hervorgegangen.[9] Die «Einmaligkeit» des Menschen nötigte zu der Vorstellung eines zeitlich (!) einmaligen Schöpfungsaktes, durch den Gott den Menschen unmittelbar geschaffen haben sollte, und man fürchtete vor allem um die «Freiheit» des Menschen und um die Unsterblichkeit seiner Seele, wenn man erst einmal zugäbe, der Mensch sei womöglich «nichts weiter als» ein Teil der Evolution des Kosmos.

In dem gleichen Maße jedoch, in dem die evolutive Herkunft des Menschen verdrängt wurde, suchte man seine *Zukunft* in Christus («eschatologisch») um so großartiger auszugestalten, wobei man freilich niemals von den Erkenntnissen der modernen Kosmologie, sondern stets von der biblischen Vorstellungsweise ausging und auch heute noch ausgeht. So schreibt z. B. *H. Kessler* in seinem theologisch viel beachteten Buch *«Sucht den Lebenden nicht bei den Toten»* über die Bedeutung des christlichen Auferstehungsglaubens, die Auferstehung Jesu selber «sei noch unabgeschlossen und unvollendet ... Zu ihrem intendierten Ziel kommt sie erst, wenn Sünde und Tod endgültig vernichtet sind (Jes 25,8; 1 Kor 15,25 f.), also in der Auferstehung der ‹vielen Brüder› und Schwestern Jesu

(Röm 8,29) und ihrem Zusammensein mit Christus beim Vater einerseits, in der Erlösung der gesamten Schöpfung andererseits. Nach Paulus wartet ja alles Geschaffene – sehnsüchtig unter seinen Leiden stöhnend – auf das offene Hervortreten der universalen, angst- und leidfreien Gemeinschaft der Söhne und Töchter Gottes, und dies deswegen, weil es seinerseits erst in ihr seine eigene Befreiung vom Verderben und Sterben finden kann (Röm 8,19–22).»[10] Es ist keine Frage, daß wir Menschen zum gegenwärtigen Zeitpunkt alles andere als «erlöst» leben und daß insofern die «Auferstehung Jesu» gewiß noch «unvollendet» ist. Aber man hat den Eindruck, als wenn der Kampf der christlichen Theologie gegen den «heidnischen» Mythos in solchen Wendungen nur dazu geführt hätte, in einer groß angelegten «Wiederkehr des Verdrängten» erneut die Sicht von Welt und Geschichte mit einem nunmehr christlichen Mythos zu überziehen, freilich mit einem wesentlichen Unterschied: Während die Mythen der Völker mit Hilfe ihrer symbolischen Bilder den Menschen in die umgebende Natur einzuordnen versuchen, wird in der christlichen Konzeption die gesamte Welt in die Menschenwelt eingeordnet. So, wie in der Bibel die Schöpfungsgeschichte schon in den zeitlichen Dimensionen nur als ein kurzfristiges Vorspiel, als die Bereitstellung der Requisiten auf der Bühne der Menschengeschichte dient, so dehnt sich in der christlichen Glaubenslehre umgekehrt die (ganz richtige!) Vorstellung von der Erlösungsbedürftigkeit des Menschen ins Ungemessene, indem die mythische Sprechweise des Paulus von den «Wehen» der Schöpfung nach wie vor als kosmologische (bzw. «eschatologische») Gegebenheit aufgefaßt wird. *Als Symbol* gelesen, mag es, *bezogen auf den Menschen,* einen gewissen Sinn machen, von *seiner* «Welt» zu sagen, sie harre ihrer Befreiung; aber gerade als ein Symbol der menschlichen Existenz werden die Worte des hl. Paulus in Röm 8,19–22 eben nicht verstanden, sondern man hält es in der Selbstauslegung des christlichen Weltbildes immer noch für unabdingbar, die Anthropologie zur Kosmologie auszudehnen: Die ganze Schöpfung ist durch den Sündenfall Adams ins Unheil gezogen worden und muß nun durch Christus, das heißt *durch die Menschen* in der «Nachfolge Christi», mit anderen Worten: *durch die Kirche* als den wahren «Leib Christi», «erlöst» werden. Dieses Weltbild ist ohne Zweifel hoch mythologisch[11], nur im Verhältnis zum «heidnischen» Mythos vom genau entgegengesetzten Ende her: In der Anthropozentrik der christlichen Weltsicht (wenn man sie weiterhin so auslegt!) bleibt der Mensch im Guten wie Bösen das Hauptthema des Weltalls; er und sein Schicksal entscheiden über den gesamten Kosmos; alles, was existiert, ist auf ihn hin geschaffen. Es ist eine Theologie, die sich wie in den Tagen des *Galilei* einfachhin weigert, zu sehen und zur Kenntnis zu nehmen, was wir bei einem bloßen Blick durchs Mikroskop und Teleskop erkennen müßten: die komplette Widerlegung der christlichen Anthropozentrik allein schon durch die Dimensionen des Raumes und der Zeit, in denen das Weltall in majestätischer Weite und Größe besteht. Aus diesen Betrachtungen folgt etwas ebenso Einfaches wie Wichtiges: nämlich, daß der Glaube an die Unsterblichkeit der menschlichen Seele, an die Ewigkeitsbedeutung jedes einzelnen Menschen, mit Rücksicht auf die Einordnung des Menschen in die ihn umgebende Welt gerade nicht so verstanden werden darf, daß wir als Menschen, als «beseelte», «geistige» Wesen, gewissermaßen exemt und jedenfalls exklusiv der gesamten übrigen Welt gegenüberstehen, sondern umgekehrt: daß in uns Menschen nur aufscheint, was allenthalben an «Geist» in der Welt objektiv realisiert ist; mit anderen Worten: sind die Menschen unsterblich, warum dann nicht auch die Tiere?

Es bedeutete eine starke Vereinseitigung schon bei *Platon,* die Weisheit des Mythos in die Sprache der Philosophie übersetzen zu wollen. Vor allem im Erbe der *aristotelischen* Philosophie verlor die christliche Theologie über Jahrhunderte hin das Gespür dafür, daß sie mit ihren logisch klingenden Argumentationsverfahren keinesfalls die Wirklichkeit als solche demonstriert, sondern im besten Falle die Evidenz symbolischer Vorgaben begrifflich dem Denken (zu einer bestimmten Zeit und im Rahmen einer bestimmten Kulturgeschichte!) plausibel machen kann. Die Unsterblichkeit der menschlichen Seele galt ihr als ein metaphysischer Lehrsatz, der im Prinzip so gut beweisbar schien wie gewisse Lehrsätze der Geometrie und der Mathematik. Diese Einstellung vor allem, verbunden mit der dogmatischen Selbstgewißheit über die Einzigartigkeit der menschlichen Seele, mußte naturgemäß durch die Entdeckungen *Charles Darwins* einen schweren Schock erleiden, so sehr, daß viele Theologen, insbesondere im Protestantismus, das griechische Erbe der christlichen Theologiegeschichte bzgl. der Frage der menschlichen Seele überhaupt ad acta zu legen versuchten, indem sie die («heidnische», unbiblische) Lehre von der Unsterblichkeit der Seele als Widerspruch zu dem wahrhaft christlichen Glauben an die Auferstehung in Christus interpretierten.[12] In Wahrheit hat sich bereits auf dem Hintergrund des altägyptischen Mythos gezeigt, daß das Symbol von der Himmelfahrt der Seele und die Vorstellung von der Auferstehung in dem sterbenden und wiederauferstehenden Gott einander durchaus nicht widersprechen, sondern sich als komplementäre Bilder gegenseitig bedingen. Vor allem aber führt eine solche exklusiv christliche Begründung der menschlichen Auferstehungshoffnung noch weit radikaler zu einem anthropozentrischen Exklusivitätsanspruch: nur Menschen können an Christus glauben! Das eigentliche Problem der Evolutionstheorie aber wird damit nicht gelöst, sondern schlechterdings verdrängt: *Seit wann eigentlich gibt es Menschen?*

Als *Thomas von Aquin* (für Jahrhunderte maßgebend!) auf die Frage des Fortlebens der Tierseele zu sprechen kam, stand für ihn fest: «die Seele des Tieres ist nicht teilhaftig eines ewigen Seins», denn: «In den Tieren findet sich keinerlei Verlangen nach ewigem Sein, nur daß sie als Art ewig sind, insofern sich in ihnen ein Verlangen nach Fortpflanzung findet, durch welches die Art fortdauert.»[13] Mit einem solchen *(aristotelischen)* «Argument» ist die Grenze zwischen Mensch und Tier scheinbar eindeutig gezogen. Aber die lebendige Wirklichkeit tut uns nicht den Gefallen, eindeutig zu sein, sie besteht vielmehr in einem ständigen *Fließen* mit unabgrenzbaren Übergängen. Alles in diesem Zusammenhang kommt darauf an, daß die christliche Anthropologie ein Gefühl für die Tiefe der Zeit zurückgewinnt und, ineins damit, für die Langsamkeit der Veränderungen.

Vor kurzem noch sagte mir ein Dozent für neutestamentliche Exegese, das Bemerkenswerte an der Botschaft Jesu sei in seinen Augen der Gegensatz zu den Naturwissenschaften: auf der einen Seite die Wachstumsgleichnisse Jesu mit ihrem ruhigen, organischen Denken, und auf der anderen Seite das naturwissenschaftliche Weltbild mit ständigen Katastrophen wie Überschwemmungen, Eiszeiten usw.! Man muß angesichts solcher «Argumente» nur einmal darauf hinweisen, daß die neuerliche «Überschwemmung» der Nordsee z. B. mit der «Dünkirchen Transgression» etwa um die Zeitenwende begonnen hat[14] – sie ist so wenig «plötzlich», daß wir selber noch mitten in dieser Phase stecken, ohne es zu merken; und die Vorstöße der Eiszeit – sie dauerten Jahrzehntausende! In diesen Zeitmaßen ist die Entwicklung des Menschen zu denken. Der Mensch ist nicht das Ergebnis des momentanen Eingreifens eines Gottes oder einer plötzlichen «Fulguration», er ist das Ergebnis eines Prozesses von Jahrhunderttausenden, in denen bereits ein primitiver Werkzeuggebrauch vorauszusetzen ist, ohne indessen auch nur die geringsten Fortschritte in der Bearbeitung des Steins aufzuweisen[15]; es handelt sich um Zeiträume, in denen Jahrhunderttausende in der Altersbestimmung zu Spekulationsdaten verfließen. Mit anderen Worten: es ist gar nicht möglich zu sagen, *wann* es den «ersten» Menschen gab: der eiszeitliche *Neanderthaler* gehörte gewiß bereits der

Gattung des homo sapiens zu, der *homo erectus* aber, der vor 300 000 Jahren bereits über das räuberische Geschenk des Titanen *Prometheus,* über den Gebrauch des Feuers, verfügte, ist von uns Heutigen fast so weit entfernt wie die Pferde von den Eseln. Und der *homo habilis* vor mehr als 2,7 Millionen Jahren? Und der *Australopithecus* mit einem Gehirnvolumen nicht viel größer als das eines Schimpansen?

Eines ist sicher: *Aristoteles* zum Trotz sind vor allem die höheren Tiere keinesfalls bloße Repräsentanten subjektloser Gattungen. Kaum einer der heute schreibenden Theologen macht sich wirklich klar, daß insbesondere unsere nächsten Verwandten, die *Gorillas* und *Schimpansen,* über die gleichen angeborenen Ausdrucksbewegungen verfügen wie wir Menschen: sie können lachen und weinen, sich freuen und Angst haben, zärtlich und zornig sein, und im Schlaf sind sie fähig zu träumen.[16] Wer eigentlich hat uns erlaubt, Lebewesen, deren Intelligenz und Gefühlsrepertoire ungefähr dem Stand unserer eigenen Vorfahren vor ca. 2 Millionen Jahren entspricht, brutal ihren Lebensraum zu zerstören und sie schließlich in einigen wenigen überlebenden Exemplaren in ewiger Gefangenschaft zu halten?

Wie groß ist die Distanz der Zeit zu der Stelle, an welcher die Entwicklungslinie der heutigen *Meerkatzen* sich von der Linie der Hominiden getrennt hat? Doch wie «menschlich» über mehr als 30 Millionen Jahre hinweg muten die Entdeckungen an, die Dr. *M. Kawai* im Herbst 1953 auf der kleinen japanischen Insel Koschima machen konnte, als er die soziale Verbreitung einer echten individuellen Erfindung beobachten konnte: er wurde Zeuge, wie ein 1½jähriges Makakenweibchen, das er *Imo* nannte, zum erstenmal eine mit Sand bedeckte Süßkartoffel ins Wasser tauchte und den Sand mit den Händen abwusch. «Einen Monat später fing einer von *Imos* Spielgefährten an, die Pataten ebenfalls zu waschen, und nach vier Monaten tat Imos Mutter desgleichen ... und 1957 hatten es sich bereits 15 Affen zu eigen gemacht.» «Ein solches Übertragen persönlicher Erfahrungen von einem einzelnen auf seine Gefährten wird von den Erforschern der menschlichen Kultur- und Urgeschichte als wichtige Voraussetzung für das Entstehen einer Kultur oder sogar schon als Beginn der Kultur angesehen.»[17] Nach einem mehr als tausendjährigen ideologischen Kampf der christlichen Theologie um die absolute Sonderstellung des Menschen ist heute durch die Ergebnisse der Psychoanalyse und Verhaltensforschung die Einsicht nicht länger abzuweisen, daß es ein einziger Strom des Lebens ist, der uns Menschen ermöglicht hat und weiterträgt.

Alle christliche Theologie scheint heute noch notwendig

auf der Voraussetzung zu beruhen, daß ausgerechnet wir, die Vertreter der Spezies *homo sapiens sapiens,* die «unüberbietbare» Kulmination aller Entfaltungsmöglichkeiten der Evolution darstellen; der Grund: nur in der Gestalt dieser Spezies ist der Christus erschienen.[18] Dieselben Theologen, die aus der Auferstehung Christi die großartigsten Visionen über das Schicksal einer kommenden Menschheit herauslesen, scheinen nicht zu merken, daß sie bei all ihren Wunschphantasien, die sie «Verheißungen» nennen und mit «Glauben» verwechseln, im Grunde völlig statisch das jetzige Bild der Evolution festschreiben. Wer werden wir Menschen, sollten wir uns nicht selber in der Zwischenzeit den Garaus bereiten, in 2 Millionen Jahren sein? – Bei dem heutigen Tempo geschichtlicher Entwicklung eine unbeantwortbare, aber absolut notwendige Frage! Sicher ist nur, daß wir zum gegenwärtigen Zeitpunkt der Evolution den Tieren noch weit näher stehen als der Ahnung des Menschlichen, die wir bereits in uns tragen. «Das *missing link* zwischen Affe und Mensch sind wir selber», meinte zu Recht *Konrad Lorenz*[19]. Die eigentliche Menschwerdung hat kaum erst begonnen, und was eigentlich hindert uns, auch als Christen die Vorstellung der *Hindus* als weise und wahr zu erachten, daß *Vishnu,* die zweite Person der dreifaltigen Gottheit, immer wieder, auf jeder Stufe der Entfaltung des

Lebens, auf die Erde kommt, um in immer neuen Formen und Gestaltungen sichtbar zu werden?[20] Geist, schlägt *Gregory Bateson* zu denken vor, sei eine Struktureigenschaft aller komplexen Systeme.[21] Es ist nicht anders möglich: der Glaube an die Unsterblichkeit des Menschen müßte uns Theologen zu der Bereitschaft nötigen, ins Unendliche dazuzulernen und die dogmatischen Grundlagen des Christlichen ins Ungemessene zu erweitern. Unsere Einstellung zu den Tieren und ebenso unsere Einstellung zu den Weltinterpretationen des Mythos dürfen und müssen dabei als kardinale Maßstäbe gelten.

Insbesondere die *ägyptische* Mythologie, der die christliche Theologie in der Frage von Auferstehung und Unsterblichkeit ihre zentralen Bildvorlagen verdankt, betrachtete die Tiere als unabdingbar zur Sphäre der Götter und Menschen gehörig. Für sie galten die Tiere als Botschafter der Götter bzw. als Verkörperungen des Göttlichen, stets verschmolzen mit der Gestalt des Menschen. Dieser Glaube an die Ursprungseinheit *allen* Lebens ging bei den Ägyptern so weit, daß sie nebst den Körpern der Menschen auch alle möglichen Tiere – Katzen, Krokodile, Vögel u. a. m. – in die Ewigkeit hinübernahmen, und dies völlig konsequent: Wenn, wie wir sahen, die *Affen* des Morgens auf den Osthügeln von Altkairo gemeinsam mit den Menschen die aufgehende Sonne hymnisch begrüßten, so ist es nicht denkbar, daß dieser universelle Hymnus der Dankbarkeit des Lebens, der bei Menschen und Tieren der gleiche ist, im Tod unterbrochen sein sollte. Gewiß läßt sich hier nicht «argumentieren» – eine unsterbliche Seele des Menschen ist philosophisch so wenig erweisbar wie eine unsterbliche Seele der Tiere; aber es ist im altägyptischen Mythos *die gleiche Evidenz,* der beiderlei Glaube *untrennbar* entsteigt.

Man mag darüber auch heute noch im Stile der mittelalterlichen Theologen debattieren, welchen Lebewesen man frühestens eine «Sehnsucht nach ewigem Sein» zusprechen könne oder nicht; wenn aber das «Hauptargument» für jede Hoffnung auf ewiges Leben die Liebe ist, dann wird man sagen müssen, daß spätestens dort, wo es so etwas gibt wie individuelle Brutpflege und Mutterliebe, auch subjektiv eine erste Ahnung von der Macht gefühlt und empfunden wird, der wir alle unser Dasein verdanken; spätestens von dieser Stufe an gibt es, so gebrochen auch immer, so etwas wie *ein Anrecht auf Unsterblichkeit.* Und *unterhalb* dieser Zone, jenseits des Grabens, der vor 70 Millionen Jahren mit der Evolution der Säugetiere und der Vögel begann? Vielleicht haben die «primitiven» Jägerkulturen nicht Unrecht, wenn sie in ihren Mythen und Riten betonen, daß man kein Tier töten dürfe, ohne nicht zuvor den Geist der jeweiligen Tiere um Vergebung gebeten zu haben[22], ja, es gebe eigentlich gar kein Töten, sondern man sende im Grunde nur die Seele der Tiere zur Welt der Götter empor, auf daß sie im Himmel als Boten der Menschen zu dienen vermöchten. In jedem Fall scheint es nötig, innerhalb des christlichen Weltbildes den Gedanken zu ergänzen, den *Immanuel Kant* in seiner Lehre von den drei Postulaten sehr wahr ausgesprochen hat.[23] Davon überzeugt, daß sich weder die Substantialität noch die Ewigkeit der menschlichen Seele mit den Mitteln des Verstandes beweisen lasse, postulierte er gleichwohl den Glauben an die Unsterblichkeit der Seele als eine subjektiv notwendige Bedingung, um angesichts der Kürze des irdischen Lebens die Forderungen des Sittengesetzes als sinnvoll denken zu können; die Moralität des Menschen im Umgang mit seinesgleichen bräche zusammen ohne den Glauben an die Unsterblichkeit. Nicht ganz verschieden davon dachten die Alten Ägypter, nur daß sie den Bereich ihrer «Postulate» auch auf die Tiere ausdehnten: Die Tiere müßten als unsterblich vorgestellt werden, damit sie als Träger eigener Rechte vor der Waage der *Maat* die Menschen zu Gerechtigkeit und Schonung anhielten. Weitab war ihnen der Gedanke, die wunderbare Welt der Natur sei vom Bösen beherrscht und müsse ausgerechnet durch uns Menschen erlöst werden; vielmehr glaubten die Alten Ägypter, daß umgekehrt wir

Menschen von der Einrichtung der Natur und insbesondere von der Lebensart der Tiere Weisheit und Frömmigkeit lernen könnten und lernen sollten. Wohl, daß die Schlange, das Krokodil, auch das Nilpferd als Feinde des Sonnengottes geradewegs das Böse in sich verkörpern konnten und der Esel mit dem bösen Gott Seth verschmolzen war[24]; aber solche symbolische Zuordnungen vermochten die Ägypter niemals zu der Meinung einer Korruption oder Perversion der Weltordnung im ganzen zu verführen. Auch im Alten Ägypten gab es offenbar eine große Freude an Jagd und Festschmaus; aber wie anders zeigen die ägyptischen Reliefs die jagdbaren Tiere als die vergleichbaren Darstellungen der *Assyrer* und *Babylonier,* die auch in diesem Punkte die rechtlichen Vorstellungen der Bibel so tief geprägt haben![25] Ja, man muß denken, daß Jagd und Opfer im Alten Ägypten nie anders als religiös betrachtet wurden und man gewisse Tiere vor allem deshalb zu «Feinden» erklärte, um den schier unlösbaren Konflikt wenigstens zu mildern, der für jeden fühlenden Menschen zwischen der Liebe zu den Tieren und der (ernährungsphysiologisch *damals* wohl noch bestehenden) Notwendigkeit, sie zu töten, sich immer neu in schrecklicher Weise auftat.[26] Anders als die über 600 Gebote der Bibel hat neben den fernöstlichen Religionen vor allem die Weltsicht der *Alten Ägypter* den Glauben an die Auferstehung in einer letzten *ethischen Konsequenz* auch als Verantwortung gegenüber den Tieren zu Ende gedacht. «Seine Ethik gebot es, dem Tier nichts zuleide zu tun. Im Jenseitsgericht, wo die Götter das Herz des Toten gegen die Wahrheit ... wiegen, wird des Menschen Verhalten nicht nur gegen seinen Mitmenschen, sondern auch gegen die Natur auf die Waagschale gelegt. Der Tote, der sich weder in abstrakten Lehrsätzen noch in kasuistischer Fülle, vielmehr in exemplarischen Normen zum ethischen Ideal zu bekennen hat, spricht den Spruch: ‹Ich habe weder Futter noch Kraut aus dem Maule des Viehs weggenommen›, und weiter: ‹Ich habe kein Tier mißhandelt.› – Jeder Verstoß gegen die Achtung des Tieres als eines Geschöpfes galt als Sünde. Folgerichtig räumt die ägyptische Ethik dem Tier das Recht ein, den Menschen zu verklagen. In einem Pyramidenspruch wird der verstorbene König gerechtfertigt mit dem Freispruch: ‹Nicht liegt gegen NN die Anklage eines Lebenden vor, / Nicht liegt gegen NN die Anklage eines Toten vor, / Nicht liegt gegen NN die Anklage einer Gans vor, / Nicht liegt gegen NN die Anklage eines Rindes vor.› Gans und Rind stehen als Stellvertreter des Tierreiches. Der Spruch findet sich in den Pyramiden von Unas (5. Dynastie, um 2300 v. Chr.) bis zu Pepi dem II. (6. Dynastie, um 2200 v. Chr.).»[27]

Es ist ein Gedanke, der im ganzen christlichen Abendland bis heute völlig undenkbar ist. Er hat sich buchstäblich an der Bibel vorbei entwickeln und erhalten müssen. Im Spätjudentum taucht er ein einziges und letztes Mal im *Slawischen Henochbuch* (Kap. 58) auf, wo die Tierseelen im Totengericht die Menschen verklagen. Unter den christlichen *Theologen* war es in unseren Tagen einzig *Joseph Bernhart*, der in seinem Buch *«Die unbeweinte Kreatur»* solche Beispiele als Zeugnisse einer vergessenen Wahrheit aufgriff und sogar *Bileams Eselin* in diesem Sinne zum Sprechen brachte: «Was hab ich dir getan, daß du mich nun dreimal geschlagen hast?» (Num 22,28)[28] Wir brauchen zumindest als regulative Idee unserer praktischen Vernunft den Glauben an die Unsterblichkeit der Tiere, um eine Ethik zu begründen, die auf unsere Mitgeschöpfe die geschuldete Rücksicht nimmt. Nicht «erlösen» müssen wir die Tiere, wohl aber haben wir die Pflicht, sie nach Möglichkeit in Ruhe zu lassen. – Es gibt keinen Ort der Erde, an dem sie nicht vor uns dagewesen wären.

Unter den *Dichtern* des 20. Jahrhunderts hat wohl niemand so sehr unter dem Leid der Tiere gelitten, und niemand hat ihrem unaufhörlichen, ständig anwachsenden Leid einen so beredten Ausdruck verliehen wie der baskische Dichter *Francis Jammes*. In «Das Paradies der

Tiere» schreibt er mit einem Mitgefühl, das wir als christlich allererst erlernen müssen:[29]

«Tief im Blicke der Tiere leuchtet ein Licht sanfter Traurigkeit, das mich mit solcher Liebe erfüllt, daß mein Herz sich als Hospiz auftut allem Leiden der Kreatur. – Das elende Pferd, das im Nachtregen mit bis zur Erde herabgesunkenem Kopfe vor einem Kaffeehaus schläft, der Todeskampf der von einem Wagen zerfleischten Katze, der verwundete Sperling, der in einem Mauerloch Zuflucht sucht – all diese Leidenden haben für immer in meinem Herzen ihre Stätte. Verböte das nicht die Achtung für den Menschen, ich kniete nieder vor solcher Geduld in all den Qualen, denn eine Erscheinung zeigt mir, daß ein Glorienschein über dem Haupt einer jeden dieser Leidenskreaturen schwebt, ein wirklicher Glorienschein, groß wie das All, den Gott über sie ausgegossen hat. – Gestern sah ich auf dem Jahrmarkt zu, wie die hölzernen Tiere im Karussell sich drehten. Unter ihnen gab es auch einen Esel. Als ich ihn erblickte, habe ich weinen müssen, weil er mich an seine lebendigen Brüder, die gemartert werden, erinnerte. Und ich mußte beten: ‹Kleiner Esel, du bist mein Bruder! Sie nennen dich dumm, weil du nicht imstande bist, Böses zu tun. Du gehst mit so kleinen Schritten, und du siehst aus, als ob du im Gehen dächtest: Schaut mich doch nicht so an, ich kann ja nicht schneller gehen ... Meine Dienste brauchen die Armen, weil sie mir nicht viel zu essen geben müssen. Mit dem Dornstock wirst du geschlagen, kleiner Esel! Du beeilst dich ein bißchen, aber nicht viel, du kannst ja nicht schneller ... Und manchmal stürzt du hin. Dann schlagen sie auf dich los und zerren so fest an dem Leitseile, daß deine Lefzen sich aufheben und deine armseligen gelben Zähne zeigen.› (Auf demselben Jahrmarkt sah ich in einer arabischen Bude ein Dutzend Dromedare, die, zusammengepreßt wie Sardinen in der Schachtel, sich hier in einer Art Grube drehten.) Sie, die ich wie Wellen dahinziehen gesehen habe inmitten der Sahara, da es um sie nichts anderes gab als Gott und den Tod, mußte ich nun hier finden ... Sie drehten sich, drehten sich immerzu in dem würgenden Raume, und der Jammer, der von ihnen ausging, war wie das Erbrechen über die Menschen. Sie gingen, gingen immerzu, stolz wie arme Schwäne und in einer Glorie der Verzweiflung, mit grotesken Negerlappen bedeckt, verhöhnt von den Weibern, die hier tanzten, und hoben ihren armen Wurmhals empor, Gott und den wunderbaren Blättern einer Oase des Wahnsinns entgegen. – O Erniedrigung der Geschöpfe Gottes! In der Nähe der Kamele gab es Kaninchen in Käfigen, daneben, als Lotteriegewinste zur Schau gestellt, schwammen Goldfische in Glasballons mit so engem Halse, daß mein Freund mich fragte: ‹Wie hat man sie nur da hineinbringen können?› ‹Indem man sie ein bißchen zusammengedrückt hat›, antwortete ich ihm. Anderswo wieder wurden lebende Hühner, gleichfalls Lotteriegewinste, vom Kreisen einer Drehscheibe mitgeschleppt. In ihrer Mitte lag, von grauenhafter Angst gepackt, ein kleines Milchschweinchen auf dem Bauche. Schwindel befiel die Hühner und Hähne, sie schrien und hackten in ihrem Wahnsinn aufeinander los. Nun machte mich mein Begleiter darauf aufmerksam, daß tote und gerupfte Hühner inmitten ihrer lebendigen Schwestern aufgehängt waren. – Mein Herz wallt heiß auf in diesen Erinnerungen, und unendliches Mitleid ergreift mich. – O Dichter, nimm die gequälten Tiere in dein Herz auf, laß sie darin wieder erwarmen und leben in ewigem Glück! Geh hin und künde das schlichte Wort, das die Unwissenden Güte lehrt!»

Francis Jammes spricht hier nur von dem vermeidbaren Leid der Kreatur, dem vom Menschen durch Gedankenlosigkeit und Rücksichtslosigkeit verursachten Leiden; er spricht an dieser Stelle nicht von dem notwendigen Leid, dem die Geschöpfe schon durch die Vergänglichkeit anheimgegeben sind. Aber seine Worte sprechen die Sprache der Religion, eines umfassenden Verstehens, der gläubigen Güte mit allem, was lebt,

und der Sanftmut eines Mitleids, das nicht fähig ist, von irgendeinem Leiden nicht erschüttert zu sein.
Ein anderer Dichter, der die Aufforderung *Francis Jammes'* aufgegriffen hat, die gequälten Tiere in sein Herz aufzunehmen, war *Franz Werfel.* Werfel stellte ganz zu Recht eine direkte Verbindung her zwischen dem Glauben an die Unsterblichkeit und dem universalen Mitleid mit allen Wesen. Denn was bedeutet der Glaube an Gott in diesem Zusammenhang anders, als darauf zu vertrauen, daß nichts, kein Wehgeschrei und keine Klage, kein Schmerz und keine Traurigkeit, auf dieser Welt umsonst getragen und erduldet werden? Was anders, als daß alles aufbewahrt bleibt und erhalten ist von diesem einen großen und unendlichen Gedächtnis, das nichts vergessen kann, weil es in ewiger Gegenwart alles, was ist, versteht und liebt und innerlich an seinem Dasein hängt? Wie aber, dachte *Franz Werfel,* wenn nicht allein die Tiere selbst, sondern vor allem wir Menschen mit dazu bestimmt und ausersehen wären, als Zeugen der Erinnerung am letzten Tag der Schöpfung aufzutreten, von dem wir doch nur wissen und auf den wir doch nur hoffen aus dem Gefühl des Leidens und des Mitleids mit allem Lebendigen, und wir vor Gott alles hintragen würden, was sich in uns an Not und Schmerz eingegraben hat, so daß es

schon in alle Ewigkeit unzertrennlich zu uns gehören wird? In seiner «Ode von den leidenden Tierchen» schrieb *Werfel:*

«An dem brüchigen Stein sah ich im Mittagslicht
Heute ein Echslein starr. Vor dem knarrenden Schritt
Floh's nicht davon, wo sonst im Kiese ein Rieseln
Und der leiseste Hauch es hinwegscheucht.

Über das Wesen gebeugt, merkt' ich: der reizende Leib
Welkte sichtbar vor mir. Sein smaragdener Glanz
War ergraut. Das fiebrisch bettelnde Zünglein
Meldete Schwäche, Qual und entgleitendes Leben.
Denkend ging ich davon. Wenige Schritte weit
Fand ich vor niedriger Tür eines Kätzchens Gespenst,
Räudiger Wegwurf, zweiwöchig. Mit röhrendem Stöhnen
Flehte das Elend um baldiges Sterben.

Wieder wandt' ich mich ab. Doch mein Geist war betäubt.
Nicht mehr fühlt' ich des Tags südlichen Jubel. Das Meer
Rollte schwarz. Die rings erdröhnende Schöpfung
War ein Kehrichthaufen verschollener Leiden.

Aber ich schwor es mir zu, nicht zu vergessen euch,
Nichtige Tierchen, ihr, deren Geschick mich traf.

Wenn meine Seele einst nichts als Gedächtnis sein wird,
Will ich euch beide vor unseren Schöpfer tragen.»[30]

Und recht hat *Werfel.* Unsere Hoffnung in dem schwarzen Meer der Vergänglichkeit besteht in der Erwartung eines ewigen Lebens. Wenn aber wir für immer leben, wird auch diese Erinnerung an fremdes Leid für immer leben, und dieser Schmerz wird von uns unabtrennbar sein. Er wird in seiner dunklen Folie den Hintergrund abgeben für das Bild einer reinen Freude und einer alle Kreaturen einschließenden Harmonie.

Natürlich machen wir uns von der Beschaffenheit einer solchen Welt nicht die geringste Vorstellung. Während ich diese Zeilen schreibe, sitze ich auf der Fähre von Amrum nach Dagebüll. Ein weißes Band aus Schaum dehnt sich im Heck des Bootes bis zum Horizont, und die tiefstehende Sonne verwandelt es mit ihrem diesigen Licht in gleißendes wogendes Silber. Noch vor 360 Jahren war bewohntes Festland, was heute ein Teil des Meeres ist. Steinkistengräber im Westen von Amrum und Föhr bezeugen, daß schon vor mehr als 4000 Jahren Menschen hier lebten, ehe das Meer in den großen Fluten von 1362[31] und 1634[32] sein Leichentuch über das Marschland im Westen Nordfrieslands breitete. Am Rand einer trockengefallenen Sandbank sammeln Wattwanderer Muscheln auf und suchen nach Bernstein – Spuren versteinerten Lebens vor mehr als 50 Millionen Jahren. Was ist das Leben anderes als ein ewiger, gigantischer, nicht endender Austausch, als das Kommen und Gehen von Ebbe und Flut, als ein Aufwirbeln manchmal von schimmerndem Schaum, bestehend aus myriadenfachen kleinen Luftbläschen? Und selbst die Sonne und das Meer, selbst das Spiel der Wellen wird «bald» nicht mehr sein, sobald man die menschlichen Maßstäbe des Raumes und der Zeit zugunsten der Wahrheit verläßt. Wie lange sind 5 Milliarden Jahre «wirklich» in der Geschichte des Kosmos? Und wann beginnt des «Zeit»-Maß der Ewigkeit? *Die Barke der Sonne* – wo ist das Gestade der Unendlichkeit, zu dem sie unwiderruflich ausgelaufen ist, seit der tote Stoff der Welt begann, in Menschen sich als Geist zu regen? Zerplatzende Bläschen aus Wasser und Luft, die für einen Sekundenbruchteil einen winzigen Strahl der Sonne erhaschen, ehe sie sich auflösen und zerschmelzen mit dem ruhelosen Spiel der Wellen – was sind wir Menschen anderes, betrachtet als Teile der Welt?

Und doch! – Wir dürfen hoffen und möchten glauben, daß die Alten Ägypter recht hatten, und daß selbst die Sonne nur ein Symbol ist und die ganze Welt nichts als ein Ensemble von Bildern!

Der Wind ist kühler geworden. An der Leeseite des Bootes taucht ein Teppich bunt gefärbter Quallen auf. Die Motoren des Schiffes wühlen darüber hinweg, ohne die geringste Notiz davon zu nehmen, daß sie Lebendes unter sich zermalmen und zermahlen. Ein paar Möwen begleiten die Fahrt, dankbar für jede Form hingeworfener Beute. Die Hallig-Warften von Langeneß pflügen sich wie im Konvoi, Lastkähnen gleich, durch das neblig-grau verblaßte Meer. In jedem der trotzig bewehrten und doch so bedrohten Gehöfte wohnen Menschen mit Pferden und Kühen und Schafen und Hühnern. Das Meer hat sie ermöglicht, doch behüten muß sie Gott. Es gibt keinen Gott, wenn es keine Unsterblichkeit gibt; denn gäbe es ihn und es wäre ihm gleichgültig und er erwiese sich als fühllos auch nur gegenüber dem kleinsten fühlenden Wesen, so wäre er gleichgültig uns, die wir denken und fühlen trotz unserer Kleinheit. Entweder alles kehrt wieder: die Quallen und die Möwen, die Wolken und die Warften, die Sonne und das Meer, oder alles ist nichts. Einzig um wiederzukehren, muß alles, was ist, hinübergehen in jenes Schimmern des Lichtes, dessen Form der Geist ist, ein Sein ohne Vorstellung, das wir nur ahnen. Es ist die ewige Wahrheit der Alten Ägypter: Alles ist nur ein Gleichnis – nicht mehr und nicht weniger; alles ist eine Erscheinung im Übergang, eine magische Chiffre der Verwandlung *allen* Lebens in die Sphäre des Göttlichen. Nichts vergeht wirklich in den Stunden des Todes.

Es handelt sich um ein menschheitliches Wissen. Von dem «Ort, an dem man zu Gott wird», von *Teotihuacan,* sagten die mittelamerikanischen *Azteken:* «Wenn wir sterben, sterben wir nicht wirklich; weil wir leben, werden wir auferstehen; wir leben weiter, wir werden erweckt. Das macht uns glücklich.» Deshalb sagten die Alten: «Wer gestorben ist, hat sich in Gott verwandelt.»[33] Man darf hinzufügen: Wir sterben niemals allein. Im Augenblick unseres Todes steigen wir gemeinsam *«hinab in die Barke der Sonne».*

Anmerkungen

[1] Vgl. zu der Gesamtthematik *E. Drewermann:* Der tödliche Fortschritt, 62–111. Die dortigen Ausführungen müssen hier vorausgesetzt werden.

[2] A. a. O., 4. erw. Aufl., S. 207–208.

[3] Neue Westfälische, 17. Aug. 1988, nach Index Funk 3186.

[4] *M. Segbers:* Kurzes Leben in der Mastfabrik, in: Neue Westfälische, 17. Aug. 1988.

[5] *G. Gräfin zu Sohns-Wildenfels:* Der Verbraucher hat das Wort, in: Animal 2000. Tierversuchsgegner Bayern e. V., 8000 München 21, Hauzenbergerstr. 8; Tel.: 089-52 71 61.

[6] Vgl. *E. Drewermann:* Der tödliche Fortschritt, 67–78.

[7] Vgl. *E. Drewermann:* A. a. O., 57; 91; 96.

[8] Vgl. *M. Brüggemann:* Das neue Tierschutzgesetz – Ein großer Bluff?, Neue Westfälische, 2. 3. 88.

[9] Wie schwer sich die christliche Dogmatik tut, die Evolutionstheorie zu akzeptieren, demonstrierte ungewollt *J. Brinktrine:* Die Lehre von der Schöpfung, 206–208. Man muß sich nur klarmachen, daß die päpstliche Bibelkommission vom 30. 6. 1909 über den *historischen* Charakter der ersten drei Kapitel der Genesis entschied, daß die besondere Erschaffung des Menschen durch ein spezielles Eingreifen Gottes, ja sogar die Bildung der ersten Frau aus dem ersten Manne in literar-historischem Sinne geglaubt werden müsse. A. a. O., 257–260. Wie radikal die Kenntnis der natürlichen Zusammenhänge (freilich schon längst nicht mehr die evolutive Weltbetrachtung selbst!) in den Naturwissenschaften bei der Frage der Entstehung des Lebens über die theologische Debatte hinausgelangt ist, zeigen die Untersuchungen des belgischen Physikochemikers *Ilya Prigogine* über «dissipative Strukturen» – dynamische Ordnungszustände, die nur durch ständige Energiedissipation unterhalten werden können und «in Form räumlicher Muster – ähnlich wie stehende Wellen – aus der Überlagerung von Materietransport und synchronisierter, periodischer Umwandlung» resultieren. «Die dissipative Form ist im Gegensatz zum konservativen Modell nicht allein durch die zwischen den materiellen Trägern wirksamen Wechselbeziehungen bestimmt, sondern wird entscheidend von den Randbedingungen und Begrenzungen des Systems beeinflußt.» *M. Eigen/R. Winkler:* Das Spiel, 118; 119. So wurde ein Konzept möglich, durch welches das Zustandekommen selbstorganisierender Systeme verstehbar scheint und die Grenze zwischen belebter und unbelebter Materie durchlässig wird. Bereits diese Ansicht widerspricht dem «Kreatianismus» der christlichen Dogmatik vollkommen. Vor allem aber steht das Spiel aus Zufall und Notwendigkeit, das

in solchen Theorien als «Motor» der Evolution betrachtet wird, in logischem Gegensatz zu dem Finalismus des Vorsehungsgedankens. Selbst *Teilhard de Chardin:* Der Mensch im Kosmos, 132–138, beschrieb die Evolution als eine gewaltige Zusammenfaltung von Materie und Energie speziell auf den Menschen hin – eine «Orthogenese», die in direkter Linie auf den Menschen zulaufe. Vgl. *E. Drewermann:* Der tödliche Fortschritt, 78. Es fällt der christlichen Theologie nach ihrem fünfhundertjährigen Widerstand gegen das neuzeitliche Denken auch heute nichts schwerer, als den ideologischen Anthropozentrismus ihrer Kosmologie und Daseinsdeutung aufzugeben.

[10] *H. Kessler:* Sucht den Lebenden nicht bei den Toten, Düsseldorf 1985, 408. Zusätzlich zu Röm 8,19–22 ist insbesondere der gnostisch beeinflußte Passus in Kor 1,15–23 ein Unterpfand christologischer Anthropozentrik.

[11] Bes. *J. Monod:* Zufall und Notwendigkeit, 208–218, hat zu Recht auf die animistische Grundstruktur der christlichen Weltdeutung hingewiesen und gemeint: «Die animistischen Systeme haben ... alle mehr oder weniger den biologischen Menschen nicht zur Kenntnis nehmen wollen, sie haben ihn erniedrigt und ihm Gewalt angetan; sie haben ihn dahin bringen wollen, gewisse Merkmale, die seiner tierischen Beschaffenheit innewohnen, mit Schrecken und Abscheu an sich wahrzunehmen. Die Ethik der Erkenntnis dagegen ermutigt den Menschen, dieses Erbe zu achten.» (217) Man wird *J. Monod* zustimmen müssen, daß es gilt, zugunsten einer Ethik der Wahrhaftigkeit objektiven Erkennens alle mythischen Projektionen aus der Weltdeutung herauszunehmen; daraus folgt jedoch keinesfalls, wie der französische Nobelpreisträger meint, daß damit die mythischen Inhalte selbst als unwahr oder als geschichtlich überholt zu betrachten seien; sie sind im Gegenteil der Ausweis der emotionalen und geistigen Bedingungen einer sinnvollen menschlichen Existenz. Gerade in Kenntnis der radikalen Andersartigkeit des Menschen gegenüber der Natur ist es notwendig, die Bilder, welche die Evolution in die Psyche des Menschen gelegt hat (und zu denen auch die Strukturen des menschlichen Erkenntnisvermögens zählen!), in ihrer subjektiven Bedeutung für die Existenz des Menschen zu würdigen und ihren sinnstiftenden Symbolismus in Antwort auf die Fragen, die der Mensch *geistig* an die Natur richtet, religiös zu würdigen.

[12] So z. B. *W. Pannenberg:* Was ist der Mensch? Die Anthropologie der Gegenwart im Lichte der Theologie, Göttingen [6]1981, S. 35f., der entschieden erklärt: «Es gibt keine, dem Leibe gegenüber selbständige Wirklichkeit ‹Seele› im Menschen, ebensowenig aber auch einen bloß mechanischen oder bewußtlos bewegten Körper. Beides sind Abstraktionen. Wirklich ist nur die Einheit des sich bewegenden, zur Welt verhaltenden Lebewesens Mensch.» Man kann nur sagen: aber keinesfalls! Unter «Seele» ist

zwar im Sinne des *Platon* und *Descartes* in der abendländischen *Metaphysik* stets eine in sich unzerstörbare Substanz inmitten des vergänglichen «Körpers» vorgestellt worden, doch ist die ursprünglich *mythische* Evidenz des Symbols «Seele» durchaus nicht auf seine gewiß zu enge philosophische Interpretation mit Hilfe der griechischen Kategorien der «Substanz» einzuschränken. «Seele» – das war für den Alten Ägypter, wie wir sahen [in: «Ich steige hinab in die Barke der Sonne», Olten 1989] vor allem die unendliche Weite und sternenüberhobene Freiheit der menschlichen Existenz, wie sie im Bilde des *Ba*-Vogels sichtbar wurde, das war (und ist) die unzerstörbare Gottunmittelbarkeit des individuellen Daseins, das ist das natürliche Korrelat des Glaubens, daß das Leben ewig ist. Im übrigen hat *W. Pannenberg* die Argumente und das Lebenswerk eines Mannes gar nicht erst diskutiert, der als 18jähriger auszog und Hirnphysiologie studierte, um der Frage nachzugehen, ob es im Menschen so etwas gebe wie eine unsterbliche Seele: des australischen Nobelpreisträgers *J. C. Eccles.* Vgl. *K. R. Popper/J. C. Eccles:* Das Ich und sein Gehirn, S. 431–433: «Der selbstbewußte Geist und das Gehirn», mit der Kernthese von der aktiven «Rolle des selbstbewußten Geistes in seinem Einfluß auf die neuronale Maschinerie des Liaison-Hirns» (438). Vgl. *ders.:* Wahrheit und Wirklichkeit, 108–113: «. . . so kommen wir zu dem religiösen Konzept der Seele und ihrer Erschaffung durch Gott . . . Ich glaube, daß in meiner Existenz ein fundamentales Geheimnis liegt, das jede biologische Erklärung über die Entstehung meines Körpers (einschließlich meines Gehirns) mit seiner genetischen Vererbung und seinem entwicklungsgeschichtlichen Ursprung übertrifft . . . ich erwachte sozusagen zum Leben und fand mich existierend als ein verkörpertes Selbst mit diesem Körper und Gehirn – so kann ich nicht glauben, daß dieses wunderbare göttliche Geschenk einer bewußten Existenz keine weitere Zukunft hat, keine Möglichkeit einer anderen Existenz unter anderen nicht vorstellbaren Bedingungen.» (112–113) Vgl. A. a. O., 241–244.

13 *Thomas von Aquin:* Summa contra gentiles, II 82.

14 Vgl. *G. Riecken:* Die Flutkatastrophe vom 11. Okt. 1634, in: B. Hinrichs/A. Panten/G. Riecken: Flutkatastrophe 1634, S. 11–63, S. 19.

15 Vgl. *H. v. Ditfurth:* Der Geist fiel nicht vom Himmel, 266–272: «Der Prozeß des Erwachens zum Bewußtsein vollzieht sich mit quälender Langsamkeit. Er beansprucht Jahrhunderttausende.» (272) Zur Entstehungsgeschichte des Menschen in paläontologischer Sicht vgl. *E. Probst:* Deutschland in der Urzeit, 331–380.

16 Vgl. *B. Grzimek:* Der verkannte Gorilla, in: B. Grzimek (Hrsg.): Tierleben, Band X: Säugetiere, 1. Bd., 531–538, S. 535. Zum Werkzeuggebrauch und zur Intelligenz bei *Schimpansen* vgl. *A. Kortlandt:* Gattung Schimpansen, in: B. Grzimek (Hrsg.): Tierleben, XI: Säugetiere, Bd. 2, 19–49, S. 23; 37. Es scheint, als bilde der von *Jane von La-*

wick-Goodall beobachtete «Regentanz» der Schimpansenmännchen einen ersten Vorläufer religiöser Rituale beim Menschen (S. 39–40).

[17] *W. Fiedler:* Teilordnung Schmalnasen, in: B. Grzimek (Hrsg.): Tierleben, X: Säugetiere, 1. Band, 379–400, S. 99.

[18] Vgl. dagg. die sehr berechtigten Einwände von *H. von Ditfurth:* Wir sind nicht nur von dieser Welt, 19–23: «Ich sehe nicht, wie sich der Widerspruch (sc. zwischen Theologie und Biologie, d. V.) anders beseitigen ließe als durch das Zugeständnis einer grundsätzlichen historischen Relativierbarkeit auch der Person Jesus Christus.»

[19] *B. Grizimek* schrieb diesen Satz als Spiegel der Selbstbetrachtung an die Wand des Primatenhauses im Zoo zu Frankfurt.

[20] Zur indischen Lehre von den Avataras (Erscheinungsformen) *Vishnus* vgl. *H. Zimmer:* Indische Mythen und Symbole, 21–24. Es handelt sich um ein Vertrauen in den immerwährenden Beistand des Göttlichen auf allen Stufen der Entfaltung der Wirklichkeit: «Immer wenn ich diesen Weg Dich trage ...» «Für den Westen, der an einzige, epochemachende, geschichtliche Ereignisse glaubt (wie z. B. die Erscheinung Christi ...), hat diese beiläufige Bemerkung des alterslosen Gottes (sc. Vishnu, d. V.) einen sanft nihilistischen Zug. Wertbegriffe, die mit unserer Einschätzung des Menschen, seines Lebens, seiner Bestimmung und Aufgabe untrennbar verbunden sind, werden dadurch verneint.» (S. 24)

[21] *G. Bateson:* Krankheiten der Erkenntnistheorie, in: Ökologie des Geistes, 614–626, S. 619, wo *Bateson* als vier Minimalcharakteristika des Geistes die folgenden Merkmale aufstellt: «Geist» sei ein System, das auf der Grundlage von Unterschieden arbeitet und aus geschlossenen Schleifen oder Netzen von Bahnen besteht, auf denen Unterschiede und Umwandlungen von Unterschieden übertragen werden, wobei viele Ereignisse innerhalb dieses Systems eher durch den reagierenden als durch den Einfluß des auslösenden Teils mit Energie gespeist werden; das System als ganzes soll Selbstregulation in Richtung auf Homöostase und/oder in Richtung auf ein Durchdrehen zeigen. «Selbstregulation umschließt Versuch und Irrtum.» Die Folgerung aus dieser Definition lautet: «Der Geist ist eine notwendige und unvermeidliche Funktion der angemessenen Komplexität, wo immer es zu dieser Komplexität kommt.»

[22] Vgl. die hervorragenden Ausführungen bei *W. Müller:* Glauben und Denken der Sioux, 235–246, über die Naturverehrung nordamerikanischer Indianer. Vgl. auch *B. Johnston:* Und Manitu erschuf die Welt, 123–133: über den Zyklus und die Fortdauer des Lebens; und S. 134–141: Über den Tod und das Nachleben oder: wie man den Pfad der Seelen beschreitet und unter den Sternen die Geliebte wiederfindet.

[23] *I. Kant:* Kritik der praktischen Vernunft, VII 252–254. Vgl. zu den drei Postulaten *E. Drewermann:* Strukturen des Bösen, III 7–8.

[24] Vgl. *E. Brunner-Traut:* Die Alten Ägypter, 34–49: Mit den Tieren ins Himmelreich, S. 48. – Gewisse Anklänge an eine Art «Erbsündenvorstellung» finden sich allerdings auch in der ägyptischen Religion, wie bes. *E. Hornung:* Der ägyptische Mythos von der Himmelskuh, 76–81, gezeigt hat.

[25] Vgl. *E. Brunner-Traut:* Die Alten Ägypter, 46, zu der Rücksichtslosigkeit der Assyrer gegenüber den Tieren.

[26] A. a. O., 42. Zu dem sog. *«Tiertöterskrupulantismus»* vgl. *E. Drewermann:* Strukturen des Bösen, II 198–202; *ders.:* Der tödliche Fortschritt, 94.

[27] *E. Brunner-Traut:* Die Alten Ägypter, 42.

[28] Vgl. *J. Bernhart:* Die unbeweinte Kreatur, 207; 210.

[29] *F. Jammes:* Das Paradies der Tiere, 120 –124.

[30] *F. Werfel:* Das lyrische Werk, 476.

[31] Zur Flut von 1362, der sog. Rungholt-Flut, vgl. *J. Hagemeister:* Rungholt. Sage und Wirklichkeit, St. Peter-Ording 1979; *M. Petersen/H. Rohde:* Sturmflut, 38–40.

[32] Zur Flut von 1634 vgl. *G. Riecken:* Die Flutkatastrophe am 11. Okt. 1634, in: B. Hinrichs/A. Panten/G. Riecken: Flutkatastrophe 1634, 11–63, S. 33–60. In dieser Flut ging vor allem der biblische Vorsehungsglaube zugrunde, den Pastor *Matthias Lobedantz* in seiner ergreifenden Predigt zur Deutung der Flut als eines Strafgerichts Gottes zu verteidigen und zu erneuern suchte. Nicht die «Sünden» der Bewohner der «Utlande» Nordfrieslands, ihre vermeintliche Eitelkeit und mangelnde Gehorsamszucht haben die Katastrophe heraufbeschworen, sondern ihre ungenügende Stackdeich-Technik, ihre Unkenntnis des allmählichen Meeresanstiegs, die Absenkung des eingedeichten Landes durch Entwässerung und Salzgewinnung sowie der völlige Ausfall einer umfassenden Wetterbeobachtung und Frühwarnung. M. a. W.: Nicht beim Propheten Ezechiel, sondern bei *R. Descartes* lag und liegt die Antwort auf die Schrecken der Natur. Vgl. *B. Hinrichs:* Die Landverderbliche Sündenflut. Erlebnis und Darstellung einer Katastrophe, in: A. a. O., 81–105, bes. 82–93.

[33] *K. Hummel/U. Bühler:* Wir leben weiter. Altmexikanische Gesichter, 13.

Bibliographie

Bateson, G.: Ökologie des Geistes. Anthropologische, psychologische, biologische und epistemologische Perspektiven, übers. v. H. G. Holl, Frankfurt 1981, 614–626

Bernhart, J.: Die unbeweinte Kreatur. Reflexionen über das Tier, München 1961

Brinktrine, J.: Die Lehre von der Schöpfung, Paderborn 1956

Brunner-Traut, E.: Die alten Ägypter. Verborgenes Leben unter Pharaonen, Stuttgart, Berlin, Köln, Mainz [2](durchges.) 1976

Ditfurth, H. v.: Der Geist fiel nicht vom Himmel. Die Evolution unseres Bewußtseins, Hamburg 1976; München (dtv 1587) 1980

Ditfurth, H. v.: Wir sind nicht von dieser Welt. Naturwissenschaft, Religion und die Zukunft des Menschen, Hamburg 1981; München (dtv 10290) 1984

Drewermann, E.: Der tödliche Fortschritt. Von der Zerstörung der Erde und des Menschen im Erbe des Christentums, Regensburg [3](erw.) 1981

Drewermann, E.: Strukturen des Bösen. Die jahwistische Urgeschichte in exegetischer, psychoanalytischer und philosophischer Sicht. 1. Bd.: Die jahwistische Urgeschichte in exegetischer Sicht, Paderborn [1]1977, [2]1979 erw. durch ein Vorwort, [3]1981 erg. durch ein Nachwort, [6]1987; 2. Bd.: Die jahwistische Urgeschichte in psychoanalytischer Sicht, [1]1977, [2]1980 erw. durch ein Vorwort, [6]1987; 3. Bd.: Die jahwistische Urgeschichte in philosophischer Sicht, [1]1978, [2]1980 erw. durch ein Vorwort, [6]1987

Eigen, M. – Winkler, R.: Das Spiel. Naturgesetze steuern den Zufall, München, Zürich 1975

Grzimek, B.: Der verkannte Gorilla, in: B. Grzimek (Hrsg.): Tierleben. Enzyklopädie in 13 Bden, Bd. 10: Säugetiere, 1. Bd., 531–538, Zürich 1970, München (dtv) 1979

Hagemeister, J.: Rungholt. Sage und Wirklichkeit, St. Peter-Ording 1979

Hinrichs, B., Panten, A., Riecken, G.: Flutkatastrophe 1634, Neumünster 1985

Hornung, E.: Der ägyptische Mythos von der Himmelskuh. Eine Ätiologie des Unvollkommenen, Göttingen (Orbis Biblicus et Orientalis 46) 1982

Hummel, K. – Bühler, U.: Wir leben weiter. Altmexikanische Gesichter. Mit 25 aztekischen Gesängen, Freiburg, Basel, Wien 1986

Johnston, B.: Und Manitu erschuf die Welt, übers. v. J. Eggert, Düsseldorf, Köln 1979

Jammes, F.: Das Paradies der Tiere, übers. v. E. A. Rheinhardt, in: Der Hasenroman und Das Paradies der Tiere, mit Zeichnungen von R. Seewald, Frankfurt (Ullstein Tb 204) 1958, 91–188

Kant, I.: Kritik der praktischen Vernunft, Riga 1788, in: Werke in zwölf Bänden, hrsg. v. W. Weischedel, Frankfurt 1968, Bd. VII, 103–302

Kessler, H.: Sucht den Lebenden nicht bei den Toten, Düsseldorf 1985

Monod, J.: Zufall und Notwendigkeit. Philosophische Fragen der modernen Biologie, übers. v. F. Griese, Vorw. v. M. Eigen, München 1971

Müller, W.: Glauben und Denken der Sioux. Zur Gestalt archaischer Weltbilder, Berlin 1970

Pannenberg, W.: Was ist der Mensch? Die Anthropologie der Gegenwart im Lichte der Theologie, Göttingen [6]1981

Petersen, M. – Rohde, H.: Sturmflut. Die großen Fluten an den Küsten Schleswig-Holsteins und in der Elbe, Neumünster 1979

(Popper, K. R.) – Eccles, J. C.: Das Ich und sein Gehirn, übers. v. A. Hartung u. W. Hochkeppel, München 1982

Teilhard de Chardin, P.: Der Mensch im Kosmos, übers. v. O. Marbach, München [3]1959

Thomas von Aquin: Summa contra gentiles (1259–1267), Turin 1961; dt.: Die Summe wider die Heiden, 5 Bde., Leipzig 1935–37; Summa contra Gentiles oder Die Verteidigung der höchsten Wahrheiten, übers. v. R. Fahsel, 6 Bde., Zürich 1942–49

Werfel, F.: Das lyrische Werk, hrsg. v. A. D. Klarmann, Frankfurt 1967

Zimmer, H.: Indische Mythen und Symbole, übers. v. E. W. Eschmann, Köln, Düsseldorf 1972